DISCARD

Dormitorios

Detalles decorativos

Dormitorios

Cómo crear un espacio armonioso
que propicie el descanso

Diseño cubierta: Jordi Salvany
Diseño interior y maquetación: Naono, S.L.
Textos: Ana Gallo
Fotografías: José Ablanedo, Gonzalo Arche, Fernando Bedón, Marc Capilla,
Wayne Chasán, Óscar Carriquí y Mili, Jaime Ferrer, Ferran Freixa, Julio Límia,
Fernando Martín y Fran Panadero, Anna Miralles, Enrique Menossi, Mónica y Paola,
Óscar Polanco, Eugeni Pons, Pere Pons Mir, Felipe Scheffel, Luis Visconti.
Fotografías de la cubierta: Óscar Carriquí, Enrique Menossi, Fernando Martín
y Fran Panadero, Óscar Polanco, Pere Pons, Luis Visconti.

Coordinación: RBA Realizaciones Editoriales, S.L.
Realización y edición: Naono, S.L.

© RBA Libros, S.A., 2002
Pérez Galdós, 36 – 08012 Barcelona
www.rbalibros.com
rba-libros@rba.es

Ref. LPM-10
ISBN: 84-7901-880-1
Fotomecánica: Tecfa
Depósito legal: B. 28.519-2002
Impresión y encuadernación: EGEDSA

Impreso en España- Printed in Spain

Sumario

Introducción

El dormitorio que hoy conocemos, como espacio para la privacidad y el descanso, es el resultado de una época y una sociedad que en otro tiempo lo consideró lugar de encuentro. La evolución del mobiliario que lo integra se ha simplificado, pero las piezas más emblemáticas como la cama, la cómoda y el armario han perdurado hasta hoy modificando tan sólo su aspecto.

La concepción del dormitorio ha sufrido una evolución a través de los tiempos, adaptándose a las exigencias sociales y morales de cada época. Si en los palacios egipcios o romanos formaba parte del área social de la casa donde también se recibía a los invitados y se despachaban asuntos públicos, en la Europa medieval la influencia de factores como la religiosidad llevó a trasladar este aposento a lugares reservados para la intimidad, alejándolo de los salones y situándolo fuera del alcance de las miradas indiscretas. A lo largo de esta época, el carácter privado e íntimo del dormitorio se vio acentuado al crearse un espacio cerrado, dentro del mismo aposento, constituido por una cama de dosel rodeada por espesos cortinajes que, además de favorecer la intimidad, aislaban del frío y los insectos. La cama se convierte, por tanto, en el mueble central de la alcoba, llegando a ser en la decoración medieval –junto con el asiento sin respaldo y el arcón– el único mobiliario.

Durante el Renacimiento, frente a estas grandes camas de la nobleza construidas sobre armazones de madera con fundas de terciopelo o seda y rellenas de paja o plumas, la gente común utilizaba las camas armario con puertas y los más humildes jergones situados junto al hogar de la cocina. La moda posterior

En la actualidad podemos escoger entre una gran variedad de diseños para decorar nuestro dormitorio. Desde estilos medievales y renacentistas, hasta las últimas vanguardias, nos permitirán decorar la habitación a nuestro gusto.

de algunas cortes europeas, como la francesa, de hacer del dormitorio un lugar de reunión y encuentro, cambió por completo el panorama de esta habitación y le devolvió su original uso polivalente. A finales del siglo XVI, este cambio de los aposentos privados aportará novedades y excelentes creaciones en el mobiliario. Al mismo tiempo que se democratiza la utilización de sillas y sillones –antes asientos exclusivamente destinados para personas de autoridad–, aparecen nuevos modelos tapizados pensados en la frecuente recepción de visitas a los aposentos privados. Estas sillas auxiliares y el llamado *fauteuil* (un sillón sin laterales con el respaldo y el asiento acolchado) surgen con formas pensadas para hacer más cómodas las conversaciones. El último asiento evolucionaría en el siglo XVII al sillón con orejas, pensado para proteger de las corrientes de aire a las personas mayores o enfermas.

Todas estas piezas del mobiliario se integraron a las estancias privadas en una época en la que se demandaba intimidad y comodidad para la conversación y las relaciones sociales. La importancia concedida a la alcoba acaba por convertirse en todo un signo de riqueza y poder. De esta manera, el lujo en los cortinajes y tapicerías, los nuevos muebles de maderas nobles, los asientos tapizados, las mesitas auxiliares y escritorios pasan a formar parte de los enseres del dormitorio.

Este auge del mueble destinado al dormitorio llevó forzosamente a la evolución y enriquecimiento de su diseño. En primer lugar, a finales del XVII, aparece la cómoda o *commode* como una evolución del arcón, el cual había sido durante siglos el mueble más importante de los ricos, en el que se guardaba la ropa, se comía e incluso se dormía. Pero la molestia que suponía retirar las cosas situadas al fondo llevó a modificarlo; primero, como un sencillo arcón con un solo cajón y finalmente, como el mueble que hoy conocemos compuesto totalmente por cajones que ocupan todo el frente. A esta pieza, que pronto se popularizaría, le seguiría a finales del mismo siglo otro mueble característico de la alcoba surgido por la demanda de un lugar para el almacenamiento, lo bastante grande para guardar el vestuario cada vez más voluminoso y creciente de la nobleza de la época: el *armoire* o armario alto. En sus diseños iniciales, la ropa tenía que doblarse para ser guardada, pero más adelante se incorporó un espacio destinado a perchas donde colgar el vestuario.

A partir del siglo XIX, las formas de vida modernas acabaron por eliminar muchas de esas funciones a las que había sido destinado el dormitorio. Sus dimensiones se redujeron y algunos

El mueble que originariamente almacenó la ropa, el arcón, se ha convertido con el paso del tiempo en lo que hoy conocemos como cómoda. Ésta ocupa un lugar destacado en el dormitorio y permite mantener ordenada la habitación.

El armario es, junto a la cómoda, uno de los principales muebles de almacenamiento del dormitorio Los armarios empotrados en la pared adquieren cada vez más importancia debido al escaso espacio de las casas de hoy.

de sus asientos y muebles pasaron a formar parte de los salones y otros lugares de la casa. Sin embargo, la cama y los muebles de almacenamiento continuaron siendo las piezas principales de esta habitación. Si bien ninguno de esos muebles ha cambiado en su concepción, tan sólo el exterior se ha ido adaptando a los estilos actuales, el armario ropero ve disminuida su presencia. Esto se debe a la construcción en las viviendas de armarios empotrados que se extienden de forma generalizada para compensar la falta de espacio. Sin embargo, la cómoda continúa siendo un mueble imprescindible cuya estructura original se mantiene invariable. No se puede decir lo mismo de la cama, la pieza de dormitorio que más ha evolucionado en el último siglo. Con la intervención del arte y la técnica ha experimentado un cambio radical, aun cuando ciertos modelos antiguos siguen estando presentes en muchos dormitorios.

Hoy en día el dormitorio se convierte de nuevo en un lugar donde se desarrollan otras actividades adicionales al descanso. Pero en este caso, no pierde su sentido de intimidad, pues se trata de funciones de ocio y trabajo que se llevan a cabo en privado, la mayoría de las cuales está ligada a los avances electrónicos. La televisión, el teléfono, el equipo de música o el ordenador exigen nuevas concepciones para el mobiliario, al tiempo que las limitaciones de espacio demandan soluciones simples que no recarguen el ambiente para que no se pierda su primordial función de descanso. Cada vez más, la característica principal de los

Con el paso del tiempo el dormitorio se ha ido adaptando a las nuevas necesidades. La falta de espacio ha incorporado un nuevo ambiente a las habitaciones, un pequeño rincón de trabajo.

muebles de dormitorio es la conjunción de la sencillez con el mejor aprovechamiento del espacio. Indudablemente esto ha repercutido en sus dimensiones, más reducidas que aquellos imponentes muebles de otras épocas, a pesar de que el volumen de ropa y objetos personales que hoy acumulamos es muy superior a los de antes, donde sólo los más ricos poseían más de dos mudas.

En la actualidad la decoración de los dormitorios toma en cuenta la influencia del ambiente en la salud y en el equilibrio

personal. La idea de obtener un descanso sano adquiere mayor protagonismo y nuevas consideraciones intervienen para lograr un espacio armónico donde reponernos de la agitación de la vida moderna. La decoración se apoya en conceptos y conocimientos de áreas como la psicología, que determina la influencia de los colores en el ser humano; la geobiología aplicada a la vivienda, que orienta sobre las energías telúricas y los campos eléctricos que influyen en la salud; y prácticas como el Feng Shui, una filosofía oriental que nos ayuda a proporcionar un ambiente adecuado para recuperar las energías perdidas.

Una vez que adaptemos el dormitorio a nuestras necesidades es importante tener presente cómo obtener un descanso sano: la influencia de los colores, los campos eléctricos, las energías telúricas y el Feng Shui nos ayudarán a crear este ambiente.

Ideas creativas

La elección del lugar idóneo, el tratamiento de la luz y el color, así como el aprovechamiento del espacio son los aspectos más relevantes que deben guiarnos en la decoración del dormitorio, pues de una u otra forma todos están interrelacionados.

Esta habitación es, sin duda, la más personal e individualizada de la casa, por ello la definición de su estilo y ambiente girará en torno a quienes van a ocuparla. Esto significa que habrá que tener en cuenta el número de personas (dormitorios de pareja, individuales o compartidos), su edad e incluso el sexo, pues en este sentido las preferencias son muy distintas. El espacio dedicado al juego y la naturaleza propia de los niños hace que las habitaciones infantiles reciban un tratamiento aparte.

No obstante, en todos los dormitorios el fin último será la creación de un lugar reservado a la intimidad, que proporcione sosiego y sea un refugio confortable. Para lograrlo es importante imprimir en él un sello personal que refleje no sólo nuestra manera de ser, sino aquella atmósfera de nuestros sueños y aspiraciones. El romance, los cuentos de hadas, las aventuras, el arte, lo espiritual, la antigüedad, lo exótico..., todo aquello que nos interesa profundamente acabará siendo reflejado en el estilo del dormitorio.

La localización del dormitorio

La orientación del lugar destinado al descanso es importante en la medida en que las variaciones que ofrece la luz del sol a lo largo de un día y en las diferentes estaciones afectan la temperatura, el espacio y los elementos decorativos como el color y las texturas.

El lugar destinado al descanso ha cambiado sustancialmente con el paso del tiempo y, si en otros tiempos la alcoba principal ocupaba la parte frontal de la vivienda, en la actualidad se intenta situarla –sobre todo si la vivienda se encuentra en la ciudad–, en aquellas áreas más alejadas del ruido y más próximas al cuarto de baño.

La necesidad de ventilación exterior y la entrada de luz natural aconsejan tener un especial cuidado al determinar cuál será la localización de este cuarto.

Los profesionales coinciden en señalar el este como la mejor orientación para un dormitorio, pues la luz de los primeros rayos del sol produce un despertar pausado y adecuado para nuestro organismo. En esta localización la estancia se calienta por la mañana y en la tarde la habitación se refresca, favoreciendo una buena temperatura para el descanso nocturno.

Sin embargo, los dormitorios situados al norte ofrecen la desventaja de proporcionar un ambiente muy frío que obligará a vestir y decorar la habitación con materiales y colores que aporten calidez. Las orientaciones hacia el oeste son frescas y quedan suavemente iluminadas por la mañana, pero es importante acordarse de que el sol las calienta por la tarde lo cual puede ser un inconveniente en los sitios o meses de calor.

Al escoger la habitación destinada al dormitorio es necesario saber cuál es su orientación. Si está situada al norte, conviene pintar las paredes con colores cálidos, pero lo ideal es que esté situada al este, ya que por la mañana entrarán los primeros rayos de sol.

Luces y reflejos

La luz transforma volúmenes, modela espacios, intensifica o debilita los colores. Su importancia en el dormitorio se acentúa por la necesidad de conseguir una iluminación relajante y apropiada para el sueño.

En todas las habitaciones, la luminosidad debe adaptarse a la actividad o actividades para las que están destinadas, por lo que se crearán zonas de luces y sombras según se trate de un área de descanso, lectura o arreglo personal.

La luz natural resulta especialmente importante en esta habitación destinada a la relajación y al descanso sano. Su luminosidad será diferente según proceda de un punto o de otro. La iluminación proveniente del sur hace que por la mañana la habitación sea sombría y por la tarde muy luminosa. Como ocurre con la orientación hacia el oeste, la luz del sol en la tarde puede proporcionar demasiado calor cuando se acercan las horas del descanso. Colores fríos como el azul o el blanco aportarán una sensación de frescura en esta orientación.

La intensidad de luz natural que recibe el dormitorio también influye en los colores de las paredes intensificándolos o debilitándolos. La luminosidad de las habitaciones orientadas al sur intensificará los colores, lo que hará que evitemos el uso de tonos brillantes; en cambio, la tenue luz del norte requerirá colores claros que reflejen la luz y no la absorban.

La iluminación artificial del dormitorio debe proporcionar luz ambiental indirecta apoyada por puntos de luz directa en zonas como la cabecera de la cama. La tradicional iluminación central del dormitorio no es una de las mejores opciones para un lugar de descanso, ya que una luz sobre la cama es molesta y no favorece la intimidad.

La luz ambiental más apropiada para el dormitorio es la dirigida hacia el techo mediante apliques tipo bañera, que la dispersan hacia el techo, o bien las lámparas de pie con cápsula halógena. Si se ha optado por focos halógenos de techo, conviene dirigirlos hacia las zonas de paso y hacia el armario, evitando siempre que iluminen la cama.

Ésta se iluminará sólo de manera directa, ya sea con un flexo de intensidad regulable –si se acostumbra leer en ella–, o con

Las luces del dormitorio conviene que sean indirectas, exceptuando las colocadas al lado de la cama, sobre todo si se lee en ella. Unos apliques o unas lámparas de mesilla ayudarán a conseguir un ambiente acogedor.

apliques situados a cada lado. Las clásicas lámparas de mesilla deben llevar pantallas de color que tamicen la luz y ayuden a crear una atmósfera agradable y propicien el descanso.

Cuando no podamos modificar el punto de luz central del dormitorio se puede aprovechar para colocar un práctico y decorativo ventilador de techo. En otros espacios de la habitación la iluminación variará según se trate de un mueble tocador –en cuyo caso las luces se colocan a los lados para evitar los molestos reflejos sobre el espejo–; o de un escritorio, en el que se utilizará una luz directa y orientable. La iluminación de los espejos requiere especial atención, ya que si se sitúa en su parte superior proporciona un reflejo desfavorecedor, especialmente por la mañana. Lo adecuado es una luz que ilumine ambos lados del rostro sin crear sombras.

La toma de luz central del techo que habitualmente hay en los dormitorios puede aprovecharse para colocar un ventilador que, además de ser muy útil en determinadas épocas del año, aporta un detalle decorativo a la habitación.

Color para el descanso

La paleta de colores se puede combinar y utilizar para que nos ayude a modificar la iluminación del dormitorio, a cambiar el aspecto del espacio y a lograr un entorno apto para la relajación y el descanso.

En la decoración de interiores el color es una de las herramientas más afortunadas para moldear los espacios en función del objetivo que deseemos conseguir. Conocer la forma de mezclar los colores no es tarea fácil pues las posibilidades que ofrecen son inacabables. De forma muy general y siempre sometidos a la última palabra del gusto individual, se puede decir que en los dor-

Si deseamos una habitación que proporcione tranquilidad y sosiego, lo más adecuado es pintarla con colores fríos, como el azul, el verde o el blanco que, además, ayudan a ampliar visualmente el espacio.

mitorios se utilizan las gamas de colores fríos (azul, blanco o verde) y se evitan los contrastes para favorecer la tranquilidad y el
sosiego. Pero, como hemos dicho, la personalidad de cada uno y
factores como la orientación de la habitación y las dimensiones
de ésta pueden recomendar el empleo de tonos cálidos o una
combinación entre unos y otros.

Cuando la habitación recibe una luz tenue en la mañana y
es muy soleada en la tarde, los colores fríos y suaves le darán frescura y absorberán la luminosidad haciéndolos cálidos. Si el dormitorio está situado al norte necesitará colores luminosos como
el blanco y también cálidos; y si se encuentra al este, la luz que
reciba endurecerá los colores, por lo que necesitará tonos suaves
o pasteles. Recuerde que los cálidos (amarillo, rojo) en tonos

Las habitaciones pintadas con colores
cálidos, como el amarillo y el rojo,
crean un ambiente más recogido,
pero hay que tener en cuenta que
los tonos oscuros de esta gama,
empequeñecen el espacio.

oscuros empequeñecen el espacio, mientras que los fríos (verde, azul) retroceden a la vista, es decir, amplían visualmente el espacio. Los tonos se oscurecen al alejarse de la fuente de luz y se modifican situados junto a otros.

Una vez que se ha decidido un color para el dormitorio, conviene coger muestras de todos los tonos posibles de ese mismo color para probarlos. Después, se pinta una superficie amplia de papel con cada uno de ellos y se coloca en la pared durante unos días, así es posible apreciar el efecto de la luz en su dormitorio a lo largo del día y observar cómo actúa cada uno en su ánimo.

Los colores de las paredes también se relacionan de manera diferente con el mobiliario y favorecen un ambiente determina-

Los colores tierra son apropiados para todas las habitaciones, aunque, los tonos oscuros empequeñecen la habitación, por lo que la decoración conviene que sea ligera para no recargar excesivamente el ambiente.

do. Como pautas muy generales se puede indicar que los neutros conviven bien con la madera, las fibras naturales, y los muebles de estilo antiguo; los azules resaltan las maderas claras y aportan serenidad; los rojos de los dormitorios se recomiendan suaves y ligeros, requieren poca decoración alrededor porque protagonizan el ambiente y acentúan los detalles arquitectónicos; el rosa es uno de los más adecuados para dormitorios pues aporta optimismo, y bien matizado consigue ambientes frescos y luminosos; los tierra son apropiados para todas las habitaciones y armonizan con todo tipo de maderas resaltando aquellos muebles que se sitúan cerca; los amarillos más convenientes para un dormitorio son el relajante pálido o la gama de los mostaza y ocres claros porque resultan menos luminosos con la luz artificial de la noche; el verde, por último, destaca las maderas sin hacer mucho contraste y resalta los muebles de hierro, armonizando bien con un amplio abanico de colores, y creando un ambiente de tranquilidad.

Sin embargo, el efecto del color sobre cada persona es diferente y la elección dependerá de cómo nos haga sentir. Si el dormitorio va a ocuparlo una persona nerviosa y activa, un color neutro le ayudará a encontrar una atmósfera de sosiego, mientras que una persona depresiva o melancólica le iría mejor convivir con un color estimulante y con brillo como la gama de los naranjas o rojos.

Una vez que se han pintado las paredes podría ocurrir que el resultado no fuera el deseado. Si el color resulta demasiado claro se puede acentuar con un barniz aplicado con esponja o con la técnica del drapeado. Si, por el contrario, ha quedado muy oscuro se aplica con esponja otro color de un tono más claro, de forma que se vea el color base pero con un efecto más claro. Cuando la pintura resulte más brillante de lo que se pretendía, se apaga con un barniz mate; y si fuera al contrario, con un barniz satinado o brillante.

Muebles de dormitorio

El mobiliario del dormitorio tiene dos funciones básicas: el descanso y el almacenamiento. La cama es el principal mueble de descanso mientras que la cómoda y el armario ropero son las piezas que dan solución a la necesidad de guardar y mantenerlo en orden.

Las actuales recomendaciones para un buen descanso hablan de la importancia de mantener el espacio del dormitorio despejado, en orden, y libre de adornos y elementos inútiles. La sencillez y funcionalidad de cada una de las piezas que integran esta habitación debe conjugarse con soluciones para la falta de metros y la habitual acumulación de ropas y objetos personales.

La cama es el mueble que ocupa la mayor parte del espacio del dormitorio y, en consecuencia, constituye el centro focal de su decoración. Su colocación habitual es junto a una ventana; pero en los espacios rectangulares, cuando la puerta y la ventana se encuentran en las paredes más largas, se opta por ponerla en isla, es decir, en el centro de la habitación. En este caso la zona que queda tras el cabecero puede constituir una zona independiente. Para lograr un buen descanso se recomienda que su posición siga la línea del campo magnético terrestre, es decir, hacia el norte.

Los tipos de cama marcan la decoración del dormitorio y ésta pude ser tan diferente como las

La cama y los muebles de almacenamiento son los elementos principales de un dormitorio, por lo que deben situarse en el lugar más adecuado. En este caso, la cama se ha distribuido en isla y el armario empotrado, una de las soluciones más prácticas en las viviendas menos espaciosas.

La decoración del cabecero puede ayudar a definir el estilo que deseemos en el dormitorio. Hay infinidad de opciones para ello, desde uno de madera, de estilo clásico, hasta un original panel pintado con figuras geométricas a nuestro gusto.

camas de estilo, las románticas de dosel, las clásicas victorianas de hierro forjado, o las funcionales camas contenedor de profundos cajones y las plegables que se guardan en un armario. Pero, además, también existe la posibilidad de acondicionar espacios exclusivos para la cama cuando hay la altura suficiente, como las camas altillo que aprovechan la parte inferior para otras actividades.

El cabecero es el elemento dominante de este mueble y el que imprime el estilo de la cama. Su diseño es muy diverso, aunque las fórmulas más tradicionales son los cabeceros de hierro, los de madera y los acolchados o constituidos por grandes cojines apoyados contra la pared.

Los cabeceros más resistentes son los de hierro o madera adornados con almohadones. La tela de un cabecero debe ser lavable o estar protegida con un producto antimanchas. Cuando se acostumbra ver la televisión desde la cama, el cabecero debe ser lo bastante cómodo para la espalda. En el caso de que sea de hierro o madera y resulte incómodo se puede confeccionar una funda rectangular acolchada que se encaja por la parte superior del cabecero hasta la altura de la cabeza.

Las camas polivalentes son una solución inestimable para la falta de espacio. Si la cama no está preparada con cajones, pueden emplearse cajas de mimbre, de cartón estampado o las prácticas de plástico con ruedas. Si se necesita espacio de asiento ésta puede convertirse en un acogedor sofá colocando cojines como respaldo.

El armario ropero, sea empotrado o exento, es el mueble de almacenamiento más importante del dormitorio, por ello necesita estar bien distribuido para aprovechar al máximo su capacidad colocando cada elemento según su uso y tamaño.

La distribución interior de un armario ropero normal debe constar de un área superior para bolsos, mantas, edredones y obje-

Es importante que el espacio interior del armario ropero del dormitorio esté bien distribuido para aprovechar al máximo sus posibilidades. Además de tener unas medidas concretas a la altura de las perchas, también los cajones deben tener el espacio suficiente para guardar camisas.

tos de mayor tamaño. La parte central estará recorrida por una barra para colgar perchas con una altura mínima de 1, 50 m respecto al suelo; su longitud debe permitir dos zonas: una más reducida destinada a la ropa larga (con una altura de 1,50 a 1,70 m), bajo la que se pone el zapatero, y otra parte con una altura de unos 90 cm (altura media de una chaqueta) para poder poner debajo una cajonera. La anchura de estos cajones viene determinada por la de la medida de las camisas dobladas (45 cm de largo x 25 de ancho). Sus puertas se aprovecharán para colocar cinturones y corbateros. Esta misma organización del espacio se puede llevar a cabo con un viejo armario, haciéndole las adaptaciones necesarias.

Entelado, decapado, restaurado o decorado, hay muchas maneras de integrar un viejo armario en una decoración moderna. Algo que puede hacerse simplemente incluyendo en él algún elemento de la decoración como el tapizado de una butaca, el estampado de la colcha o las cortinas. Tanto en armarios empotrados como en los viejos roperos, las puertas pueden resultar un estorbo. En el primer caso pueden sustituirse por correderas y en el segundo por unas bonitas cortinas de tela.

La cómoda, si bien es una pieza versátil que se destina a otros lugares de la casa, es un mueble de almacenamiento característico del dormitorio. Arrimada a la pared permite formar un punto focal importante donde colocar elementos decorativos destacables como un espejo, un cuadro o bien servir de apoyo a objetos de adorno.

Una cómoda cambia totalmente de aspecto si se cubre su parte superior con un cobertor. Otro elemento que renueva la imagen de una vieja cómoda son unos tiradores nuevos. Los organizadores o separadores son de utilidad para mantener ordenadas las prendas pequeñas dentro de los cajones. La ropa que se guarda en la cómoda tendrá siempre buen olor si colocamos en los cajones bolsitas con flores secas aromatizadas. Cuando no se dispone de espacio suficiente, la cómoda puede hacer la función de una mesilla de noche.

Las mesillas de noche no deben ocupar demasiado espacio pues su función es la de servir de apoyo a las lámparas de sobre-mesa y a los objetos personales que se desea tener a mano. El tamaño de las que van situadas a los lados de una cama de matri-monio no debe ser muy grande para que el plano que forman con ella no resulte excesivo. Sin embargo, las camas individuales con un lateral arrimado a la pared, aceptan una mesita de noche de mayor tamaño. En el caso de que no haya sitio para la mesilla puede colocarse en la pared una pequeña estantería que haga esta misma función.

Las mesillas de noche siempre se han utilizado como soporte para las lámparas y para dejar cerca nuestros objetos más personales, pero también pueden almacenarlos en su interior.

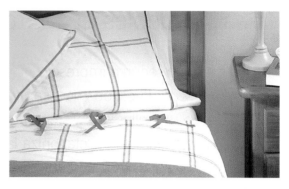

Telas y muebles auxiliares

Las telas son un recurso imprescindible para personalizar y dar la calidez necesaria al ambiente del dormitorio. Aquellas que visten la cama –de nuevo este elemento protagoniza la decoración del dormitorio– serán las que centralicen la atención de este espacio.

La ropa de cama contribuye a definir el estilo y a crear el ambiente de la habitación. La amplia superficie que ocupan visualmente la colcha, el edredón y las sábanas convierte a estos elementos en un recurso decorativo importante. Por ello resulta fácil acertar con un dormitorio sencillo en el que sean las telas las que lleven el peso del ambiente. La línea que se deberá seguir en estas combinaciones puede oscilar desde mantener un solo tono para todas estas telas, hasta utilizar una misma gama de color combinando los suaves y profundos.

Un edredón de color liso combinará siempre con las sábanas, aun siendo diferentes, si estas responden a una misma pauta, ya sea referente al color o al tipo de estampado. La elección del edredón hay que hacerla con cuidado. Conviene saber que hay edredones de verano e invierno que pueden utilizarse individualmente si se desea. Para conocer el tamaño de edredón que necesitamos, se añade a las medidas de la cama 35 cm (camas de 90 cm) y 75 (camas de 1,50 cm). Los rellenos más comunes son los de algodón (recomendados para alérgicos); los de plumón (más caros pero su vida es más larga), los de pluma y plumón (de buena calidad pero más económico que el anterior); las opciones más económicas son las de relleno de poliéster (se apelmaza al lavar) y lana (es la menos ligera). Lo fundamental de este relleno es que no se desplace, pues al hacerlo crea zonas frías, por ello se confeccionan con cuadros dentro de los cuales el relleno que-

Las telas serán el detalle definitivo que proporcionarán al dormitorio el ambiente deseado. Tanto las cortinas, como las alfombras y la ropa de la cama pueden combinarse contrastando sus colores o tapizados.

da fijo. Otro dato que hay que conocer antes de adquirirlo es su grado de resistencia térmica. Los que proporcionan más calor son los tres primeros, que además son los más ligeros.

También es importante el estilo del cabecero al vestir la cama. Por ejemplo, para un clásico de hierro forjado se utilizan telas de colores lisos, almohadones con puntillas o estampados románticos. Las fundas de almohada estampadas, con cenefas y de colores variados son útiles para contrastar o complementar los colores de la paredes. Los cuadrantes son muy actuales y la posibilidad de cambiar sus fundas hace que sean un gran recurso decorativo que nos permite transformar el dormitorio sin necesidad de hacer grandes gastos.

Si el armazón de la cama es simple y carece de atractivo se pueden hacer doseleras o comprarlas confeccionadas. Es una pieza formada por dos telas, una de poco coste y lisa que se coloca sobre la base de la cama quedando tapada por el colchón, y otra que rodea los laterales adornándolos como un faldón cosido a la tela central.

Las cortinas adquieren especial relevancia en el dormitorio, ya que además de decorar deben impedir la entrada de luz para lograr un buen descanso. Si las ventanas no disponen de persianas o de contraventanas que impidan en las horas de sueño que aquella se filtre, se opta por colocar dos cortinas, una más fina que servirá para vestir la habitación de día y otra confeccionada con un tejido opaco o una tela forrada por detrás.

En los dormitorios, donde es frecuente andar descalzo, se hace más necesario que en ninguna otra habitación un suelo que proporcione calidez y, que además, contribuya a amortiguar el ruido. Las alfombras, moquetas y suelos de madera son los más adecuados para lograr una atmósfera de aislamiento, y ambiente cálido y agradable.

Los pies de la cama son un lugar tradicionalmente utilizado para situar ciertos muebles auxiliares. Entre éstos se encuentran los baúles, mesas, arcones, maletas antiguas y bancos de poca altura donde guardar y apoyar los objetos. Otras piezas clásicas del mobiliario de dormitorio son la butaca o descalzadora –añadiendo un reposapiés se conseguirá un tranquilo rincón de lectura en el dormitorio– y el galán de noche que se presenta con la múltiple función de asiento hueco donde guardar ciertos útiles para el calzado o con una estructura sencilla, fácil de encajar en cualquier rincón de la habitación.

Otro accesorio de almacenamiento son los baúles o arcones que se colocan a los pies de la cama. Tienen espacio suficiente en su interior para albergar una gran cantidad de cosas y, además, el sobre puede utilizarse como mesa auxiliar.

Proyectos decorativos

El mobiliario del dormitorio gira invariablemente en torno a una serie de muebles y complementos como pueden ser la cama, el armario ropero, la mesilla, las sábanas o la lámpara. Sobre los elementos más comunes que integran este espacio se proponen los siguientes proyectos paso a paso. En ellos se contemplan diferentes formas de renovarlos, restaurarlos o decorarlos mediante técnicas como el decapado y falso decapado, el estarcido en tela y madera, la decoración natural y con *découpage*, la restauración de madera y, por último, el entelado y tapizado de muebles.

Cabecero a juego

La cama es el mueble en torno al cual gira la decoración del dormitorio y ocupa un lugar predominante en la habitación. Pero el punto focal de la cama es su cabecero cuya función de respaldo queda mermada, en ocasiones, a favor de la forma estética. Sea como fuere, es el elemento que define el estilo de la cama y destaca su estructura como si de una aureola se tratara.

Existen dos tipos comunes de cabeceros: los que van unidos al armazón de la cama y aquellos que están separados de éste. Las propuestas para hacerlos uno mismo hacen referencia a estos últimos.

Este cabecero pintado es un proyecto de fácil realización que tiene como base un tablero de madera sobre el que se pintan dibujos con plantillas –elija los colores y motivos que más combinen con su dormitorio–. Después se enmarca con molduras y se fija en la pared. Si se desean desarrollar otras prácticas decorativas como los dibujos con teselas de vidrio o cerámica los resultados son muy originales.

MATERIALES Y HERRAMIENTAS

- Tablero de madera
- Molduras
- Rodillo
- Pintura plástica blanca
- Pintura azul
- Pincel de estarcir
- Lámina de plástico
- Cúter
- Aerosol adhesivo
- Cola blanca
- Brocha plana

DIFICULTAD

Media

TIEMPO

3 horas de trabajo

COSTE

Económico

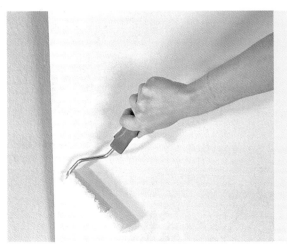

1

Las medidas para el tablero estarán en proporción con las dimensiones de la cama, a las que se añaden unos centímetros más de ancho (135 cm x 110 cm para una cama de 90 cm de ancho). Si es de matrimonio recuerde que puede combinar más con las dimensiones que en las individuales. Primero hay que pintar el tablero con pintura plástica de color blanco con un rodillo estrecho de pelo corto.

2

Cuando se haya secado la pintura, se traza una línea a una distancia de 2 cm del extremo del tablero, y otra más abajo a 15 cm del borde. El dibujo irá entre ambas líneas recorriendo el largo y el ancho. Conviene utilizar un lápiz blando para poder borrarlo posteriormente con suavidad, sin que se note el trazado.

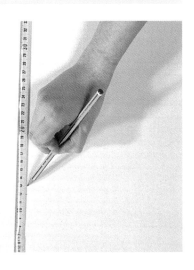

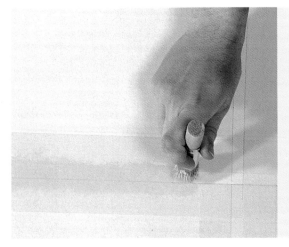

3

Junto a la línea inferior se colocan dos bandas de cinta de pintor formando una franja entre ambas. Después, se pinta la franja interior utilizando un pincel de estarcir redondo. Al mojar el pincel en la pintura se retira el exceso con papel absorbente de cocina y, a continuación, se pinta dando ligeros toques arriba y abajo, es decir, sin deslizarlo de un lado a otro como se haría con una brocha.

La plantilla que se propone para decorar el tablero es sencilla. Se trata de dibujar primero sobre un papel, un cuadrado y un triángulo. Después, se calcan con un rotulador de tinta indeleble sobre una plantilla de plástico o acetato. Por último, se recorta la silueta con un cúter, procurando utilizar la punta de la cuchilla para conseguir un corte limpio, pues las irregularidades del perfil se ven mucho.

Ahora se fijan las plantillas al tablero con aerosol adhesivo que ayuda a pegarlas de manera temporal (al adquirirlo hay que tener presente que los hay también de pegado permanente). Una vez colocadas las plantillas, se rellenan de pintura con el pincel de estarcir dando los colores elegidos a cada dibujo. Se debe utilizar un pincel diferente para cada color. Finalmente, se deja secar durante varias horas.

Para rematarlo se enmarca con molduras, cortadas a la medida del tablero. Puede elegir las que mejor combinen con el estilo de su dormitorio, las hay torneadas, lisas, decoradas con diseños variados y también pintadas. Los extremos de estos listones se cortan en inglete (corte transversal de 45º) y se pintan. Para unirlas al tablero se emplea cola blanca, que se seca en menos de 1 hora y es la más adecuada para madera.

Silla tapizada con tela de vestir

Las sillas constituyen una pieza idónea para iniciarse en algunas de las técnicas fundamentales del bricolaje, como el tapizado y el decapado de la madera que aquí se proponen. Su reducida superficie nos permite ver con prontitud los resultados y en caso de errar será menos enojoso rehacer el trabajo.

Por otra parte, la silla es un asiento de mucho uso y larga vida por lo que, bien por cuestiones de moda o bien porque su aspecto está deslucido, necesitará un aire nuevo tarde o temprano. Si se trata de una sola pieza se puede aprovechar la tela de una prenda de abrigo o de vestir; en este caso se ha utilizado la de una falda. Pero no se puede utilizar cualquier tela de ropa pues no suelen soportar este uso prolongado de los asientos y se rompen.

La primera parte del proyecto consiste en darle un aspecto más refrescante a la madera con un decapado en color claro; y en la segunda parte, y quizá la más laboriosa, se tapiza el asiento.

 MATERIALES Y HERRAMIENTAS

- Retor blanco
- Plancha de poliéster
- Pintura en crema
- Cera
- Brocha
- Lijas
- Clavos
- Grapadora
- Martillo
- Tela

 DIFICULTAD

Media

TIEMPO

3 horas de trabajo

COSTE

Económico

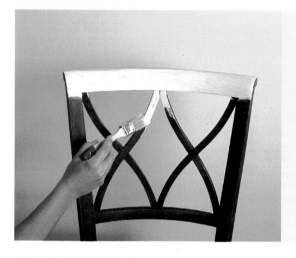

Antes de pintar la silla se lija la madera, al principio con una lija gruesa y al final una más fina. Al lijar debe hacerse siempre la misma presión con la mano y con movimientos en el sentido de las fibras o vetas de la madera. Cuando se haya terminado, se eliminan los restos de polvo y se dan dos capas de pintura en crema y se deja secar media hora entre cada mano.

Antes de que se seque completamente la segunda capa de pintura, se realiza el decapado. Para ello se utiliza una lija de grano fino, asegurándose de que no quedan restos del acabado anterior en las esquinas y junturas de la silla.

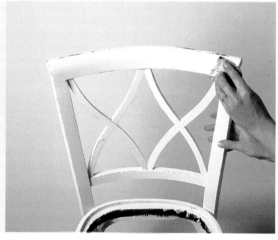

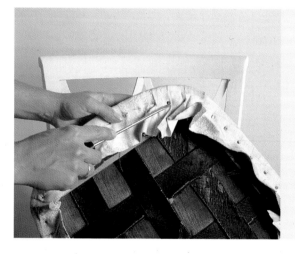

La tela vieja se retira levantando el bastidor que sirve de asiento. Según el modelo de silla, éste puede levantarse haciendo simplemente palanca desde uno de los bordes o desatornillándose de la estructura de la silla, para lo cual habrá que darle la vuelta. Las grapas o clavos de la tela antigua se desprenden fácilmente con ayuda de una desgrapadora o de un destornillador.

Si las cinchas que soportan el bastidor están en buen estado, sólo será necesario sustituir el relleno con una plancha de poliéster de 3 a 5 cm de grosor. Como ésta se encuentra apelmazada, hay que ahuecarla con las manos y se va colocando en forma de pecho de paloma, es decir, abombada en el centro y en declive hacia los lados.

A continuación se forra la capa de poliéster con la tela elegida. Al medir el asiento hay que incluir los cantos del bastidor y añadir un margen de unos 3 cm para poder doblar la tela hacia la parte interior. Justamente es por este margen por donde se sujeta la tela con clavos de tapicero. Estos clavos se cubren después con la tela de retor blanco que se fijará con la grapadora.

Una vez rematado el asiento con el retor, se encaja de nuevo el bastidor en la silla. Finalmente se le da un último acabado a la madera, que se hará aplicando con brocha una mano de cera líquida. Cuando se haya secado, se pasa un paño suave que no deje pelusas y se abrillanta la superficie.

Archivador para la ropa

La función específica de los muebles antiguos como el caso de este archivador de madera de roble, no debe limitar su uso a lugares de trabajo.

Su diseño y capacidad para almacenar, tan necesario en un dormitorio, lo convierte en una pieza ideal para guardar la ropa. Además, debido a ser un mueble especialmente alto se gana espacio hacia arriba y su estrechez le permite encajar con facilidad en aquellos rincones donde una cómoda ancha no encuentra lugar.

La principal dificultad de este proyecto se encuentra en la reparación de la estructura, que obliga a extraer la persiana para limpiarla y reparar el ensamblaje, aunque la madera de roble es bastante moldeable y permite llevar a cabo esta parte con cierta facilidad.

En segundo lugar, la limpieza de la madera y la aplicación de un barniz tapaporos serán los pasos fundamentales para devolver su espléndido aspecto a la hermosa madera de roble.

MATERIALES Y HERRAMIENTAS

- Jabón
- Estropajo
- Trapo
- Papel de lija 5,6 / 000
- Barniz tapaporos
- Disolvente universal
- Limpia metales
- Martillo
- Clavos
- Tinte de anilina al agua
- Cabos de algodón
- Cola blanca
- Pincel
- Sargento
- Lana de acero 000 y 0000
- Parafina
- Barra de cera
- Cera para lustrar

 DIFICULTAD

Media

 TIEMPO

5 horas de trabajo

 COSTE

Económico

Para separar la persiana hay que sacar previamente el sobre del archivador. Esto se hace con ayuda de un martillo de cabeza de goma y, cuando se suelta, la persiana se extrae con facilidad por las guías laterales.

Antes de comenzar a limpiar la madera se retiran todos los accesorios de metal del mueble y se frotan con limpia metales o bien se dejan en remojo con amoniaco. A continuación se frota toda la superficie con un estropajo de cocina y agua jabonosa. Cuando el tinte oscuro haya desaparecido, se aclara y se deja secar. Después se hace un primer lijado del archivador con lana de acero nº 000 y se continúa con papel de lija de grano medio y fino.

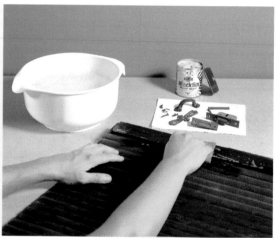

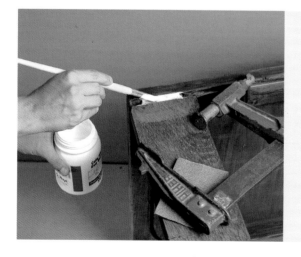

Para encolar las partes que se han despegado, hay que forzar ligeramente la estructura de forma que tengamos el espacio necesario para limpiar la suciedad y el adhesivo anterior. Después se aplica cola de carpintero con un pincel redondo fino. Los restos que rezumen del marco se retiran con una esponja húmeda.

Es importante hacer presión sobre las partes encoladas para que se adhieran con firmeza. Lo más adecuado es utilizar un sargento, aunque habrá que proteger la madera interponiendo, entre el metal de la herramienta y el mueble, unos tacos de madera. Al hacerlo, habrá que limpiar la cola que seguramente rezumará por la presión ejercida.

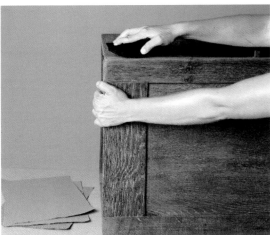

El barnizado del mueble se hace utilizando cabos de algodón con los que se aplica el tapaporos con muñequilla. Éste producto se diluye con un 5% de disolvente universal. En total se dan tres manos de tapaporos, dejando un tiempo de secado de 6 horas entre una y otra. Al final, se frota suavemente con lana de acero nº 0000.

Una vez que se ha secado la madera, se coloca de nuevo la persiana a la inversa de como se sacó. En las guías se extiende parafina para que se deslice mejor. A continuación, se clavan el tirador, la cerradura y los bocallaves. Finalmente se fija la parte superior del archivador con clavos del 7 aprovechando los agujeros y los clavos anteriores. Las cabezas de éstos se clavan con un botador. Para ocultarlos, se pone un poco de cera de barra con el tono de la madera.

Cajonera entelada

La cajonera es un mueble auxiliar indispensable en el dormitorio, que sirve de complemento al armario para almacenar todas nuestras ropas y objetos personales. Por su funcionalidad la industria fue adaptando los tradicionales diseños elegantes y más costosos a otros de líneas y materiales más sencillos y económicos. Si disponemos de uno de estos modelos de cajonera sencilla, tanto en el caso de que sea nueva como en el de que sea vieja, hay ideas creativas que permiten sacarle partido para que prescindamos de un mueble tan útil y versátil.

Las ventajas de utilizar el tejido para modificar el aspecto de una cajonera son, en primer lugar, que resulta más fácil y rápido que la aplicación de tratamientos y acabados de la madera y, por último, que se puede combinar con el resto de telas del dormitorio.

Los pasos de este proyecto conducen a la transformación de una cajonera sencilla mediante el entelado de los frontales de los cajones y la pintura de las partes de madera que quedan a la vista.

 MATERIALES Y HERRAMIENTAS

- Brocha plana
- Pintura acrílica o barniz
- Pegamento protector
- Disolvente
- Goma espuma
- Grapadora
- Listones de madera
- Tela
- Clavos sin cabeza
- Pomos

 DIFICULTAD

Fácil

 TIEMPO

4 horas de trabajo

 COSTE

Asequible

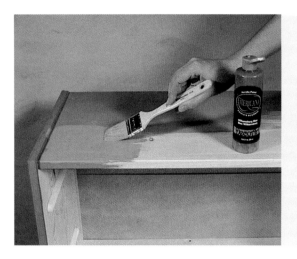

Primero hay que pintar las partes de madera que van a quedar a la vista. Es decir, la parte superior de la cajonera, los laterales, y el tablero posterior. Para ello se emplea un barniz natural o una pintura acrílica satinada aplicada con brocha plana. No hay que olvidarse de pintar las molduras y los pomos de madera y dejar sin pintar los cajones.

A continuación, se coloca en cada cajón un primer forro con goma espuma. Se compra una plancha de medio centímetro de grosor con los metros necesarios para cubrir todos los frontales, y se cortan tantos rectángulos como cajones tenga la cajonera. Cada trozo de goma espuma medirá lo mismo que el frente del cajón y se cubrirá con pegamento protector.

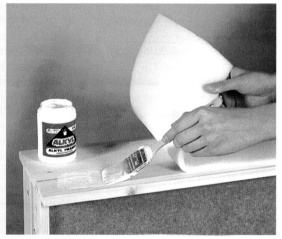

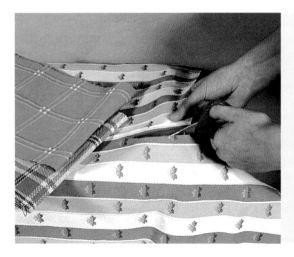

Sacar los cajones del mueble y ponerlos verticalmente en el suelo para colocar la tela. Ésta se corta de la misma medida que la goma espuma, añadiéndole 2 cm más a cada lado para dejar espacio suficiente para un dobladillo. Cuando se utilizan varios retales, conviene presentarlos primero y verlos con perspectiva desde distintos puntos del dormitorio hasta que quedemos satisfechos de la combinación.

Hay que asegurarse de que la tela se encuentre en la posición correcta y, después, se mete el dobladillo hacia dentro del acolchado. Entonces, se puede comenzar a grapar los bordes, poniendo cuidado en que la tela esté bien estirada y no haya pliegues. Si se desea, en lugar de grapar, también se puede poner velcro autoadhesivo, así se podrá retirar la tela cuando se quiera lavar.

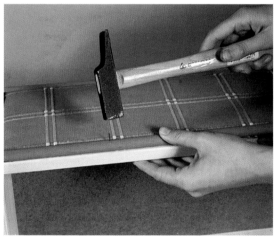

Las molduras pueden comprarse ya pintadas, lisas o torneadas según el estilo que se desee conferir al mueble. Con ellas se enmarca la tela y se ocultan las grapas. Los extremos se deben cortar en inglete (corte transversal de 45º). Los listones se colocan paralelos a los bordes del cajón, de manera que no sobresalgan, pues dificultaría el cierre de los cajones. Se fijan a la madera con clavos sin cabeza.

El pegamento que hemos utilizado para la goma espuma, ahora se extiende diluido en agua sobre la tela. Esta capa servirá de protección de la tela y permitirá su limpieza. Al aplicarla, quedan unos tonos blancos que desaparecen en 15 minutos. Una vez que se ha secado, se colocan los pomos. Al hacerlo, como el agujero ya está hecho en la parte interior, sólo hay que perforar la goma espuma y la tela con un berbiquí, desde el interior del cajón.

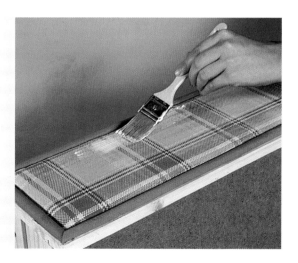

Ropero revestido

Los resistentes armarios roperos permanecen tanto tiempo junto a nosotros que con el tiempo necesitan ser adaptados a una nueva decoración, o simplemente actualizarlos con otra imagen. Utilizar la tela para lograr estos propósitos es una manera segura de conseguirlo, pero además el entelado le proporcionará un aspecto limpio y ordenado.

En lugar de forrar con tela también se puede optar por empapelarlo, como se explica en el proyecto de *Renovar un armario* como la barra y el corbatero, que también servirá para pañuelos o cinturones.

En los primeros pasos de este proyecto se comienza trabajando el interior del armario forrándolo, y sustituyendo la barra por una nueva. A continuación, se decoran los cajones haciendo juego y, por último, se añade el corbatero en la parte interior de la puerta.

 MATERIALES Y HERRAMIENTAS

- Tela
- Galón
- Barra
- Corbatero
- Fijaciones
- Grapadora de tela
- Pegamento
- Destornillador
- Berbiquí

 DIFICULTAD

Media

 TIEMPO

4 horas de trabajo

 COSTE

Asequible

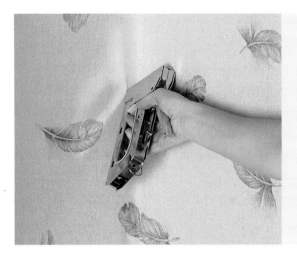

1

Se cortan las piezas de tela teniendo en cuenta que para que cubra lo más posible el fondo del guardarropa es mejor una de doble ancho. En caso contrario, debe procurarse que las uniones estén a los lados para que se vean lo menos posible. Cuando se fije la tela, primero se coloca una grapa en cada extremo, haciendo un aspa. Después, se grapa de arriba abajo un lateral, y se va estirando de vez en cuando por abajo para que no queden arrugas.

2

Con un galón ancho se ocultan las grapas pegándolo por los bordes de la tela donde se ha grapado. Como la cinta tiene cierta largura y peso, se sujeta con alfileres mientras se seca para evitar que se despegue en algunas zonas.

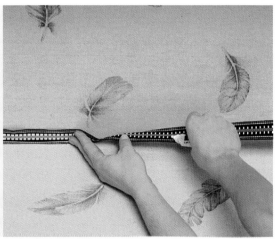

A cada lado del ropero, se señala el lugar donde irán las fijaciones de la barra. Éstas se atornillan fácilmente en la madera. En los armarios antiguos hay suficiente espacio como para colocarla a la altura que más nos convenga, de forma que la ropa no roce con la cajonera. En los empotrados es posible que tengamos que ser muy precisos con las medidas pues las dimensiones pueden ser más ajustadas.

Hay que asegurarse de que las fijaciones estén centradas para que la barra no quede torcida. Si no se tiene mucha experiencia conviene comprar una barra de 240 cm sin cortar y tomar la medida cuando se hayan colocado las fijaciones.

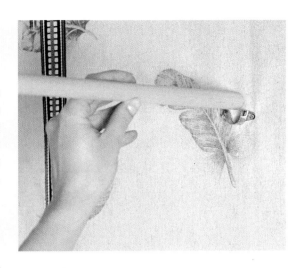

Los frentes de los cajones se forran con la misma tela añadiendo a las medidas correspondientes un margen de 1 cm para poder grapar la tela. Después se hace un tirador para cada cajón utilizando una tira de galón de unos 16 cm de largo. Ésta se dobla por la mitad y los bordes se fijan en el centro del frente con tornillos.

Por último, se sitúa el corbatero en la parte interior de la puerta del guardarropa. Para ello, se colocan las fijaciones a una distancia de unos 4 cm de la moldura del panel, se hacen los agujeros con ayuda de un berbiquí y, finalmente, se pone el corbatero sobre ellas.

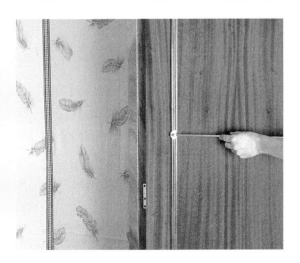

Cabecero y repisa

Las telas son un recurso decorativo que ofrece grandes posibilidades por sus colores y texturas. Son un excelente soporte para acometer proyectos sencillos pues proporcionan personalidad y estilo a cualquier elemento.

En este paso a paso se conjuga la técnica del entelado con el bricolaje para construir un cabecero que al mismo tiempo sirva de práctica repisa donde apoyar adornos y aquellos objetos que necesitemos tener cerca de la cama. Una buena solución si se desea prescindir de las mesillas de noche o se necesita un espacio extra para los libros de cabecera.

La estructura que servirá de cabecero la podemos hacer nosotros mismos o bien encargarla en una carpintería. Pero es una tarea fácil que no precisa de ninguna habilidad especial, pues basta con clavar entre sí los distintos tableros de forma que quede un cajón abierto por el lado de la pared.

Una vez se tenga la estructura hecha, se trata de suavizar la dureza del tablero convirtiéndolo en un apoyo más blando, para lo cual se cubre toda la estructura con muletón, que es un tejido de algodón grueso y suave o de lana bastante económica.

Y por último, se forra con una tela que combine con el resto del dormitorio y que sea fuerte y lavable, pues el cabecero es un área de roce constante. Conviene elegir una tela lisa o con dibujos fáciles de centrar.

 MATERIALES Y HERRAMIENTAS

- Tablero de aglomerado
- 4 listones de madera
- Clavos
- Martillo
- Tijeras
- Muletón
- Grapadora
- Tela
- 1 listón fino

 DIFICULTAD

Fácil

 TIEMPO

3 horas de trabajo

 COSTE

Elevado

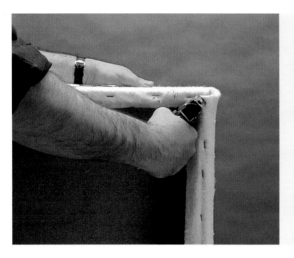

Para formar el armazón del cabecero hay que clavar los cuatro listones laterales al tablero de aglomerado hasta formar un cajón. Las medidas para una cama de 90 pueden ser de 135 x 110 cm. A continuación, se acolcha toda esta estructura cubriéndola con muletón, que se fija con la grapadora de tapizar. Para realizar esta operación con comodidad se extiende el muletón sobre el suelo y se coloca encima el cajón.

Se mide el cabecero completo y se corta la tela dejando el suficiente margen para cubrir los cantos de los laterales. Al comenzar este paso resulta más eficaz colocar la tela extendida en el suelo apoyando encima el cajón, para dibujar el contorno por el revés de la tela. Después, se grapa a lo largo de uno de los cantos haciendo una cruz con las grapas y cuando ya se ha fijado una parte, se puede levantar para trabajar mejor.

Al llegar al final de uno de los lados se tensa la tela, se dobla hacia dentro del cajón y se grapa por el borde estrecho. Para realizar la esquina se corta la tela en la unión de los dos cantos, como se muestra en la fotografía. Este corte se hace a una distancia de unos 2 cm del borde del listón de madera que tenemos en posición horizontal, y después se grapa.

Para que la tela quede lo bastante tensa, se grapa un trozo de listón fino sobre ese margen que se ha cortado y grapado. Encima se coloca la tela del lateral del cajón que está en posición vertical, de forma que oculte el listón de contrachapado.

Se dobla hacia el interior la tela que ha quedado suelta, y se grapan los laterales de arriba abajo por la parte de dentro. Las esquinas se hacen de la misma manera. Si se desea se puede dejar sin forrar la parte inferior del cabecero que queda apoyada en el suelo.

Una vez forrado el cabecero y centradas las líneas verticales y horizontales, puede aprovecharse el listón superior que constituye la repisa para colocar nuestros objetos preferidos.

Renovar un armario

Para transformar armarios antiguos de aspecto pesado y envejecido cuya presencia no resulta fácil de adaptar en el entorno, hay que emplear algo de creatividad y decidirse por un cambio de estilo que le devuelva su valor.

Los papeles para decorar, las telas y la pintura son los materiales que nos ofrecen más recursos para llevar a cabo diferentes técnicas decorativas con resultados tan atractivos como el que se presenta en este proyecto.

Por muy grande que sea el mueble, las técnicas que se han elegido en esta ocasión son de rápido empleo y sin complejidad alguna. En primer lugar, se limpia la superficie del armario dándole una imprimación blanca y pintándole un falso decapado. Por último, se forran con papel los paneles de las puertas del mueble y se rematan con unas molduras pintadas en un tono que combinen.

 MATERIALES Y HERRAMIENTAS

- Papel de lija 000
- Tapaporos
- Papel para decorar
- Cola
- Brocha
- Molduras
- Pincel fino
- Pintura azul
- Pintura rosa
- Clavos sin cabeza
- Martillo
- Tijeras

 DIFICULTAD

Media

 TIEMPO

6 horas de trabajo

 COSTE

Asequible

Si la superficie de la madera tiene mucha suciedad habrá que limpiarla con sosa cáustica tomando las debidas precauciones con este producto. Si no es así, será suficiente con lijarlo para que se desprenda el acabado de cera o barniz que lleva.

Se limpian los residuos del lijado y se extiende con una brocha un producto tapaporos blanco. Se trata de preparar el fondo para asegurar una perfecta adherencia de la pintura posterior. Este tipo de tapaporos se emplea cuando se van a dar tonos más claros que la madera. Su aplicación se hace en la dirección de la fibra y en los muebles altos, como este armario, con un movimiento de arriba abajo.

A este tipo de mueble le va bien una técnica con efecto decapado aunque no sea propiamente un decapado, pues sería un proceso más lento. Para ello se aplica la pintura azul con brochazos largos y suaves, dejando entrever unas finas líneas blancas del fondo para crear un falso decapado.

Para cortar el papel se miden los paneles que se van a cubrir y se cortan los pedazos de papel correspondientes. A continuación, se extiende la cola, con ayuda de una brocha, sobre cada panel. Hay que asegurarse de que el dibujo del papel esté hacia arriba antes de comenzar a pegarlo. Esta operación se hace despacio y, al tiempo que con una mano vamos adhiriendo el papel, con la otra se alisa la superficie para evitar que queden arrugas.

Para conseguir la unión a escuadra de los trozos de las molduras, éstas se cortan en inglete (ángulo de 45º). Probablemente habrá que pulirlas para que encajen. A continuación, se lijan las molduras y se les aplica también el tapaporos. Cuando se seca la imprimación, se extiende una mano de pintura de color rosa. Después, se hace esto mismo con el frente de los cajones y la moldura superior del armario.

Después se procede a colocar las molduras. Éstas se fijan alrededor de los paneles empapelados con clavos sin cabeza, de forma que no se vean los bordes del papel. Se deja una separación de unos 20 cm entre cada clavo. Finalmente, se repasa la superficie pintada puliéndola suavemente con papel de lija nº 000.

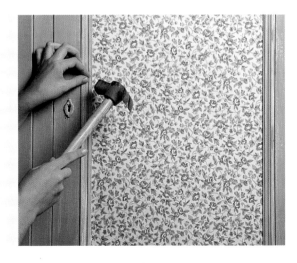

Estantería entelada

Las estanterías son muebles imprescindibles tanto en la sala de estar, como en la zona de estudio o en el dormitorio. Obviamente su estilo y sus dimensiones serán diferentes según el lugar de la casa en que se encuentre. En un dormitorio, este elemento del mobiliario requiere uno más cálido, personal e íntimo, que no es sino el objetivo primordial de la siguiente propuesta. Se trata de transformar completamente una sencilla y económica estantería, hecha con una estructura simple de madera, cubriendo el fondo y cada tramo con tela.

Con este método se puede ver el resultado, además, de entelar en combinación la tapicería de algún otro mueble del dormitorio. También se puede optar por el papel, pero en este caso, como la superficie es de melamina se ha optado por la tela, pues este material es de difícil adherencia.

Las partes principales de este proyecto se centran en el grapado de la tela al tablero del fondo, su remate con galones de pasamanería y, por último, la fijación de unas molduras decorativas en los cantos laterales que modifican totalmente el aspecto de la estantería original.

MATERIALES Y HERRAMIENTAS

- Tela de lienzo
- Galón
- Molduras
- Tinte y cera
- Pegamento
- Grapadora
- Paletina
- Aguarrás

- Grapadora
- Tijeras
- Martillo
- Puntas

DIFICULTAD

Media

TIEMPO

3-4 horas de trabajo

COSTE

Asequible

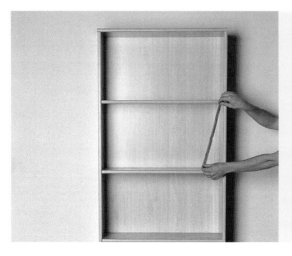

Para calcular las dimensiones de la tela que se va a emplear, se mide el ancho y el alto de cada tramo de la estantería. Después, se corta la tela separadamente, a la medida de los espacios entre un estante y otro.

Se comienza a colocar un primer rectángulo sobre el fondo de la estantería con la grapadora. Primero se ponen cuatro grapas con la tela correctamente colocada: una en la parte superior, otra en la parte inferior y en los extremos izquierdo y derecho. A continuación, se coloca una en cada esquina y se hace el contorno. De esta forma se evitarán arrugas. Para asegurarse de que no quedan burbujas se pasa una regla por la tela.

Los extremos de cada fragmento se rematan tapando las grapas con un galón de pasamanería, que se fija con pegamento para tela. El adhesivo colocado sobre el galón debe ser el justo para evitar que rezume y manche el tejido. Se puede sustituir el galón fijando la tela con chinchetas de decoración.

Las molduras las podemos encargar con las medidas exactas pero es fácil cortarlas uno mismo con ayuda de una sierra, y de una caja de cortar en inglete para las esquinas superiores. Cuando ya están preparadas, se sujetan con puntas muy finas sin cabeza para que queden ocultas. Los cantos de los estantes también se pueden sujetar con las mismas molduras empleadas para los laterales, con galón o con la misma tela del fondo.

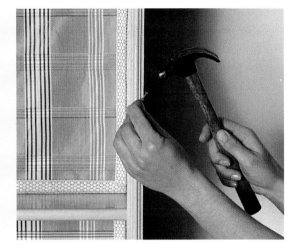

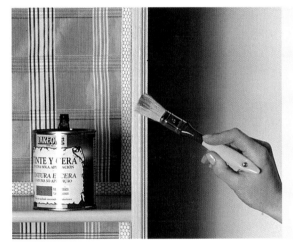

A continuación, se tiñen las molduras con un producto que contenga cera y tinte. En este caso el color es de roble claro y se ha diluido bastante con aguarrás. Conviene utilizar una paletina estrecha y pintar en el sentido de la veta.

Después de aproximadamante 24 horas de secado, se pulen las molduras frotando con un paño de algodón. Si se quieren aprovechar diferentes telas se pueden combinar los retales empleando uno distinto en cada tramo. Este efecto es especialmente alegre y dinámico, adecuado para habitaciones juveniles.

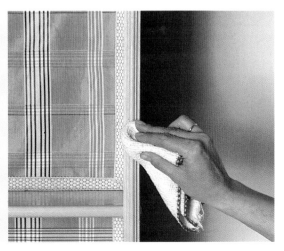

Cómoda con estarcido

El mobiliario también está sujeto a la moda y, en ocasiones, un buen mueble puede desmerecer a la vista si su estilo no es actual. Las cómodas son un tipo de elemento en el que se puede hacer muy fácilmente modernizaciones y cambios con apenas unos sutiles arreglos.

El primer trabajo que hay que llevar a cabo en este proyecto es el tratamiento de la madera, esto supone que habrá que observar primero el estado en que se encuentra el mueble.

Si tuviera carcoma lo detectaremos por los pequeños orificios que deja este insecto, buscando un rastro de serrín en las patas y cajones, ya que generalmente busca las partes más húmedas y sombrías.

Si fuera este el caso, se inyectará en los orificios algún producto anticarcoma y se envuelve el mueble en plástico durante 5 días para acabar con el insecto, después se rellenan los orificios con masilla. Finalmente, se le aplica algún producto protector de madera. Otro problema que puede presentarse son las grietas, que se pueden ocultan con masilla especial.

Una vez acondicionada la madera, la segunda parte de este proyecto es sencilla y rápida. Se trata de decorar la cómoda para darle un aspecto moderno y atractivo. Para ello se le aplica una pintura de fondo y se decoran los frontales de los cajones con la técnica del estarcido y, por último, se rematan colocando unos tiradores nuevos.

 MATERIALES Y HERRAMIENTAS

- Decapante
- Brocha
- Pincel
- Paletina
- Rodillo
- Guantes y mascarilla
- Espátula
- Cepillo metálico
- Lija
- Lana de acero 0000
- Tapaporos
- Esmalte acrílico
- Plantilla
- Cinta de pintor
- Pincel de estarcir
- Pintura para estarcir
- Tiradores

 DIFICULTAD

Fácil

 TIEMPO

6 horas de trabajo

 COSTE

Económico

1

Antes de comenzar a pintar la madera, deben eliminarse las capas de pintura anteriores. Para ello se extiende un producto decapante con una brocha gruesa. La pintura se irá levantando de la superficie (debemos protegernos con guantes y mascarilla) y entonces se retira con una espátula, empleando para las juntas un cepillo de púas metálicas. Los restos de decapante se limpian con agua, para evitar que éste siga actuando y estropee la madera.

2

Para acabar de eliminar los restos más persistentes de pintura se lija la superficie. Al hacerlo, hay que trabajar siempre en el sentido de la veta de la madera. Conviene comenzar con un una lija más gruesa para un lijado de fondo (nº 0, y si es de agua, 180), y finalizar con una más fina para preparar la madera para la imprimación (nº 000 o 280). Finalmente, se da una capa de tapaporos que protegerá la madera y hará más uniforme la superficie.

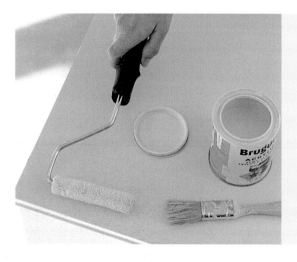

A continuación, se lija con lana de acero nº 0000, se retiran los residuos de polvo que han quedado y se pinta con esmalte acrílico. Éste se extiende con rodillo, así las capas de pintura se verán más homogéneas; para las esquinas se emplea un pincel. Se deja secar al menos 24 horas.

Una vez marcados los lugares donde irán los dibujos, se coloca la plantilla y –utilizando un lápiz suave para luego poderlo borrar–, se hacen marcas por la base. Esto nos servirá de referencia al colocarla. Se mide procurando dejar la misma distancia en todos los cajones. Por último, se fijan las plantillas con cinta de pintor.

Al impregnar el pincel de estarcir, se retira el exceso de pintura con un papel absorbente de cocina, de forma que el pincel quede casi seco. Después, se va pintando mediante suaves movimientos arriba y abajo, sin deslizar el pincel como se haría normalmente. Sobre los bordes del dibujo hay que hacer más presión para conseguir una mayor intensidad.

Antes de retirar las plantillas, hay que esperar a que los dibujos estén completamente secos. Si se ha utilizado pintura sintética no será necesario cubrir después el dibujo con barniz en aerosol. Al final, se colocan los tiradores nuevos atornillándolos desde el interior del cajón.

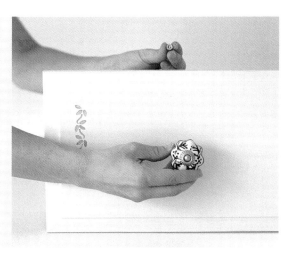

De escobero a ropero

Los armarios empotrados de las viviendas modernas no siempre son suficientes para almacenar toda nuestra ropa. Pero las dimensiones de los muebles roperos tradicionales a veces exceden con mucho el espacio disponible en el dormitorio. Cuando necesidad de almacenamiento y falta de metros se unen, siempre se puede adaptar un armario de menor medida destinado a otros usos e integrarlo en el dormitorio.

En este proyecto se trata de reconvertir un viejo escobero para guardar piezas más nobles como la ropa de casa. Para embellecerlo se ha elegido una pintura alegre de color amarillo –también puede empapelarse– pero los colores dependerán del lugar donde vaya a estar colocado. El exterior se ha dejado igual porque se encontraba en buenas condiciones, pero si la puerta está deteriorada, por ejemplo, se puede sustituir el tablero por una red de gallinero o una cortina de tela.

Los pasos más importantes para esta modificación consisten en pintar el armario, colocar los estantes y rematarlos con una greca que podemos hacer nosotros mismos.

MATERIALES Y HERRAMIENTAS

- Rodillo
- Pintura
- Berbiquí
- Soportes
- Tablas
- Tela
- Grapadora
- Galón

- Cinta de Panamá
- Pegamento universal
- Margaritas termoadhesivas
- Chinchetas o velcro adhesivo
- Tijeras

DIFICULTAD

Fácil

TIEMPO

3 horas de trabajo

COSTE

Económico

Primero se pinta el fondo del armario con dos capas de pintura y se deja secar entre una y otra aplicación. Se utiliza un rodillo pequeño para que esta operación sea rápida y proporcione una superficie uniforme. Otra opción es empapelarlo para lo cual, previamente, habría que lijar y lavar la superficie con agua jabonosa caliente y dejarlo secar antes de colocar el papel.

Teniendo en cuenta el tipo de ropa que vamos a guardar, se calcula la cantidad y distancia de los estantes. La distancia de mayor comodidad entre una balda y otra es a partir de 40 cm de altura. A continuación, se realizan los agujeros con ayuda de un berbiquí para colocar los soportes de las baldas. Éstas se pintan igual que el interior. En la primera capa es 1 hora de secado, y en la última el doble de tiempo.

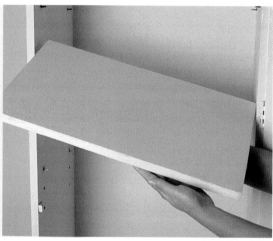

Se miden el ancho y el largo de la puerta para poder cortar la tela, dejando unos 2 cm de dobladillo. La tela se va fijando con la grapadora, comenzando por la parte superior hasta la inferior; los laterales se dejan para el final, así se conseguirá que quede recta y sin pliegues. Al grapar se mete el dobladillo hacia dentro para evitar que se deshilachen los bordes.

Como remate, se utiliza un galón que contraste con la tela elegida o que sea del mismo tono, según el efecto que queramos conseguir. Éste se va colocando sobre los bordes para ocultar las grapas y se fija con pegamento universal procurando extender una capa fina para que no rezume y manche la tela alrededor.

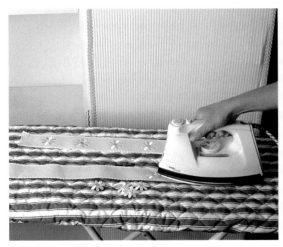

Si se han pintado las baldas del mismo color que el fondo, se puede romper la monotonía tonal haciendo unas grecas con dibujos termoadhesivos, como las margaritas de este proyecto. Se trata simplemente de colocarlas sobre la cinta de Panamá componiendo una greca. Para pegar a la cinta los dibujos elegidos basta con presionar con una plancha caliente.

Una vez que se hayan pegado todas las flores en las tiras, se van colocando en los cantos de los estantes, como remate. Para fijarlas se pueden emplear chinchetas decorativas o bien velcro adhesivo.

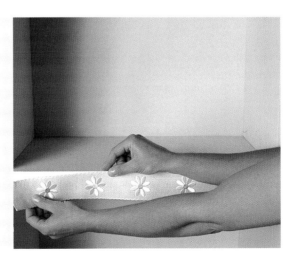

Chiffonnier con estarcido

El estampado de dibujos con plantillas sobre muebles, telas y objetos es una técnica que nos permite reproducir de manera fácil diseños complicados, cenefas o motivos tan sencillos como el de este proyecto.

Si se opta por hacer uno mismo las plantillas se pueden calcar de los estampados de telas, de papeles de regalo o de empapelar, por ejemplo. Una buena fuente son las guirnaldas vegetales de estilo victoriano y las formas y diseños modernistas. Sólo hay que seleccionar el motivo o motivos que queramos reproducir, calcarlo o fotocopiarlo, y recortarlo sobre cartulina de estarcido o acetato.

En el proyecto que se detalla a continuación los pasos principales son la colocación de las plantillas, la obtención del color idóneo para el dibujo, su aplicación con esponja y el posterior sombreado.

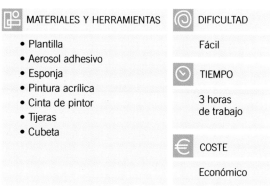

MATERIALES Y HERRAMIENTAS	DIFICULTAD
• Plantilla	Fácil
• Aerosol adhesivo	
• Esponja	TIEMPO
• Pintura acrílica	
• Cinta de pintor	3 horas
• Tijeras	de trabajo
• Cubeta	
	COSTE
	Económico

Una vez que tengamos la plantilla, se fija en el frontal del cajón con aerosol adhesivo, que lo pega temporalmente y luego se puede desprender bien sin estropear el acabado del mueble. Para reforzar la sujeción se rodea la plantilla con cinta de pintor.

Se mezclan las pinturas de color mostaza y verde con el fin de obtener un color natural apropiado para la hoja. Esto se consigue mezclando primero los colores y diluyéndolos después con agua hasta lograr la tonalidad deseada. Las cubetas de pintor son muy prácticas para este tipo de trabajos.

Para estarcir con esponja, se moja primero en agua y se escurre toda la humedad. Después, se humedece con la mezcla (el exceso de pintura se retira con papel absorbente de cocina), y se dan ligeros golpecitos sobre el dibujo, de afuera hacia dentro. Para perfilar el rabillo y los bordes de la hoja se utiliza un pincel de estarcir.

El secado es bastante rápido. Si se desea dar una segunda mano con otro color para conseguir un bonito efecto de sombreado, hay que esperar a que se seque la primera capa antes de dar la siguiente. Después de unos 20 minutos ya se podrá retirar la plantilla.

Cabecero de trampantojo

La pintura decorativa de las paredes puede parecer en un principio como algo dirigido sólo a personas expertas y con habilidad para el dibujo. Sin embargo, la posibilidad de hacer plantillas con dibujos y la existencia en el mercado de pinturas que hacen más fácil desarrollar las artes decorativas, nos lleva a recomendarle que se aventure en este proyecto si tiene una cama a la que le quedaría bien un cabecero. Se trata de utilizar de manera sencilla la técnica del trampantojo, cuya peculiaridad es la de crear la ilusión de objetos reales en relieve. En este proyecto se ha elegido un cabecero clásico de líneas rectas y sin dibujos.

Los pasos principales que se deben seguir son: el trazado de las líneas que constituirán los barrotes y la utilización de plantillas para las bolas superiores del cabezal.

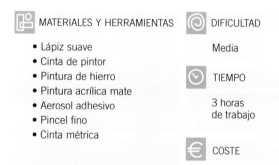

MATERIALES Y HERRAMIENTAS

- Lápiz suave
- Cinta de pintor
- Pintura de hierro
- Pintura acrílica mate
- Aerosol adhesivo
- Pincel fino
- Cinta métrica

DIFICULTAD

Media

TIEMPO

3 horas
de trabajo

COSTE

Económico

Primero hay que medir el espacio del cabecero y añadir 5 cm a la medida de la cama. Para una cama de 90 se dejan 10 cm entre los barrotes. El trazado de éstos se hace formando franjas con cinta de pintor. La anchura que se debe dejar entre cada franja es de 2 cm para los barrotes mayores de los extremos y de 1,5 cm para los otros siete.

Para aplicar la pintura se utiliza un pincel fino de artista. El color gris oscuro con acabado metalizado consigue un aspecto bastante real de barrotes de hierro. Después de pintarlos, se dejan secar unas 4 horas.

Las bolas de los extremos de los barrotes pueden hacerse con una plantilla. Después se fijan con aerosol adhesivo y se pintan con la misma pintura de los barrotes. Por último, se traza la barra horizontal que une los barrotes, pegando dos cintas paralelas con 1 cm de distancia entre ellas, y se pinta.

Para realizar el sombreado que dará sensación de profundidad al cabecero, se vuelven a colocar al lado de cada barrote dos tiras paralelas de cinta de pintor, formando una franja más estrecha que el barrote. Ésta se pinta con pinceladas suaves en un tono gris más claro.

Armario forrado con tela

En los mercadillos o almonedas se pueden encontrar bastante variedad de armarios antiguos que tienen grandes posibilidades de ser convertidos en una atractiva pieza del mobiliario de su casa. Para que pueda adaptarlo a la decoración de su hogar este proyecto propone la modificación de su aspecto forrándolo con tela, aunque, si se prefiere, también resulta el mismo efecto con papel. Es importante elegir una tela sufrida y resistente pues la acción de la luz, el polvo y el roce contribuyen a su desgaste con el paso del tiempo.

Si la estructura de madera del armario no se encuentra en buen estado, habrá que pintarla o barnizarla para que quede como nueva por dentro y por fuera. En este proyecto se ha elegido una tela de rayas porque éstas presentan una ligera dificultad que conviene saber por si se presenta la ocasión. La colocación de las rayas requiere el máximo cuidado pues fácilmente se pueden torcer o «emborrachar» si la tela se atiranta demasiado.

Los pasos que se proponen consisten básicamente en fijar la tela a los paneles del armario y rematar sus bordes con un galón. La mayor dificultad, que podría encontrarse durante su realización, es el entelado del ancho panel interior para el que necesitará ensamblar dos o tres piezas de tela.

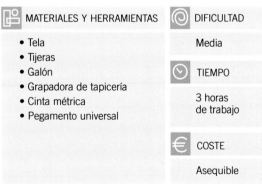

MATERIALES Y HERRAMIENTAS

- Tela
- Tijeras
- Galón
- Grapadora de tapicería
- Cinta métrica
- Pegamento universal

DIFICULTAD

Media

TIEMPO

3 horas de trabajo

COSTE

Asequible

Para tomar las medidas del armario y calcular el total de tela que se necesitará se deben medir por separado los paneles que se van a forrar y después sumarlos. En todas habrá que añadir al menos 2 centímetros adicionales para el dobladillo.

Con un lápiz suave se marcan sobre la tela las medidas de cada panel o tramo que se deberán forrar, sin olvidarse de dejar los márgenes para el dobladillo que evitará que la tela se deshilache. Después se cortan por separado.

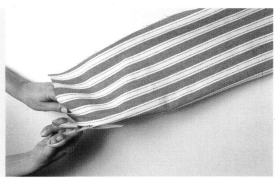

La fijación de la tela puede hacerse con grapadora o pegamento. Si se opta por la primera hay que poner las grapas en cruz y, a medida que se avanza, se va metiendo el dobladillo. Para evitar errores con una tela de rayas se empieza a grapar por arriba; después la parte de abajo y, sin estirarla demasiado, se finaliza con los laterales.

Ya sea con grapas o pegamento, hay que rematar los bordes de la tela para un buen acabado. Para ello se utiliza un galón o un cordón de tapicería que se fija con chinchetas decorativas o pegamento, en cuyo caso debe evitarse que sobresalga y manche la tela. Las esquinas se cortan al bies o se doblan sobre sí mismas.

Encerado de una cómoda

Para la imprescindible cómoda del dormitorio hay que pensar en todos los estilos decorativos posibles. Si se desea un mueble clásico de madera y el presupuesto es limitado siempre se puede adquirir un modelo asequible de madera sin tratar, que con un buen encerado ofrecerá un bonito aspecto envejecido.

El encerado es un acabado tradicional, de fácil aplicación y excelentes resultados. No obstante, sobre la cera para muebles conviene saber que, si bien reaviva y nutre la madera, favorece la acumulación de polvo, por ello, aunque suponga alargar un poco más el proceso, se aconseja aplicar previamente un barniz tapaporos, sobre todo si la madera es muy porosa. Por otra parte, no se debe pensar que el brillo final del mueble está en relación con la cantidad de cera que se le dé sino que depende del pulido o abrillantado posterior, para lo que puede emplearse un cepillo de lustrar. Y por último, hay que recordar que hay ceras que oscurecen la madera más que otras, por lo que dependiendo del efecto que se desea conseguir, se optará por una u otra.

Los pasos para un encerado sencillo, como el que se muestra en este proyecto se centran en la limpieza de la superficie con un paño humedecido en agua, la aplicación de sucesivas capas de cera y el abrillantado final del mueble.

MATERIALES Y HERRAMIENTAS

- Cera de abeja
- Paños de algodón
- Lana de acero
- Aerosol

DIFICULTAD

Fácil

TIEMPO

2 horas
de trabajo

COSTE

Económico

El primer paso es limpiar la madera. En este caso se trata de una madera sin tratar por lo que es suficiente con pasar por toda la superficie un paño de algodón humedecido con agua. No hay que empapar la tela, por ello será útil un aerosol. Si la madera tuviera un acabado anterior habría que limpiar frotando con lana de acero fina.

Para conseguir una buena limpieza hay que frotar con el paño toda la superficie, procurando limpiar bien las molduras y recovecos del mueble. De esta manera se obtiene un mejor resultado con la cera, ya que así no se formarán grumos. Hay que esperar a que la superficie se seque antes de comenzar a encerarla.

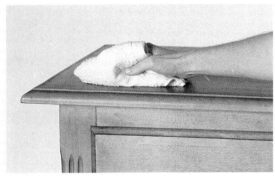

La cera de abeja se puede obtener con una mezcla de 50 % de trementina y cera virgen previamente derretida al baño María. Preparada la cera, se aplica poca cantidad con un trapo de algodón, pues una capa gruesa taparía los poros y se crearían zonas desigualmente oscuras, como si fueran manchas.

La cera se aplica primero con movimientos circulares y, después, trazando líneas paralelas siempre en la dirección de la veta de la madera. Conviene darle más de una mano, dejando secar entre cada capa de 12 a 24 horas. Finalmente, con un trapo suave o con muñequilla, se pule hasta conseguir el brillo deseado.

Mesita sin arañazos

 MATERIALES Y HERRAMIENTAS

- Aguarrás
- Paño de algodón
- Betún de Judea
- Lana de acero 000
- Masilla de madera
- Espátula
- Cera

 DIFICULTAD

Fácil

 TIEMPO

1 hora de trabajo

 COSTE

Económico

Un mueble que está en buen estado puede verse deslucido por los habituales arañazos que se producen en las partes de más roce. Sin embargo, si bien los arañazos superficiales son sencillos de ocultar con el empleo de productos específicos, hay otros más profundos que no desaparecen, esto se debe a que el daño ha llegado a rasgar las fibras de la madera. En este último caso hay varios métodos para restaurar esa superficie, aunque aquí se utilizará el que emplea masilla de madera.

Por otra parte, solamente se detallarán, en este proyecto, los pasos que se deberán seguir para ocultar los arañazos, prescindiendo de otro tipo de tratamientos para la restauración del mueble. Se trata de retirar primero la capa de cera, después rellenar la madera dañada y, finalmente, cubrir la zona con un color semejante al resto, para que quede como nueva.

En primer lugar hay que eliminar la capa de cera del área que queremos restaurar, de forma que los productos que se apliquen a continuación puedan penetrar profundamente. Para ello se limpia la superficie frotando con un paño de algodón empapado en aguarrás, que seca pronto.

A continuación, se frota la zona con lana de acero nº 000 o bien con un estropajo metálico. Este lijado hay que hacerlo con suavidad pues se trata de rebajar ligeramente la madera para restar profundidad al arañazo, evitando eliminar demasiada capa de fibra. Después, se retiran los residuos del lijado con un paño.

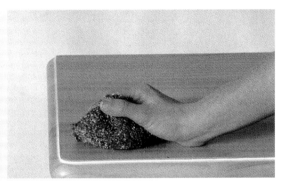

La masilla de madera es una pasta ligeramente espesa que se extiende bien con ayuda de una espátula. Con ella se cubre la zona que presenta los arañazos y se deja secar. Las masillas que contienen acetona secan muy rápido. Cuando se haya secado, se frota con la lana de acero para eliminar la masa sobrante.

Por último, hay que igualar el color del área reparada con el resto de la mesilla. Se mezcla la cera con betún de Judea. La cantidad de este último producto dependerá del tono que presente la madera del mueble. Se empapa en la mezcla un paño de algodón y se pasa sobre la zona en la que se ha trabajado. Después se deja secar.

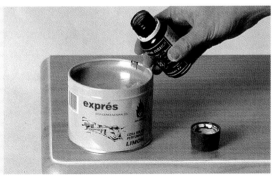

Perchero a medida

Un perchero de pared como éste es un trabajo que proporcionará satisfacción por su sencillez de realización y su sorprendente resultado. Además, éste es un proyecto que constituye una opción interesante para hacer un regalo original hecho con nuestras propias manos.

Sea para uso propio o para regalar, puede estar seguro de que se ponga donde se ponga resultará tan práctico que difícilmente quedará vacío.

Para llevar a cabo este trabajo elija buena tela, que sea resistente como el algodón o la loneta y, si es posible, lavable. Si ésta no lleva un tratamiento antimanchas conviene aplicarle un aerosol contra ácaros y roces.

La ligera dificultad que puede presentar es la utilización de la sierra, si la forma del perchero es muy irregular. Por ello, si no tenemos mucha habilidad con el manejo de esta herramienta, convendría simplificar la forma del perchero. El coste orientativo indicado no incluye la sierra ni el taladro.

Este sencillo proyecto, paso a paso, para construir un perchero a su medida consiste básicamente en el recorte de un tablero de madera que se forra con goma espuma y tela, y se forra utilizando una grapadora. El último paso es la colocación de los colgadores.

 MATERIALES Y HERRAMIENTAS

- Tablero de madera
- Plancha de goma espuma
- Pomos de madera
- Tornillos de arandela
- Alcayatas
- Tela
- Grapadora
- Sierra
- Taladro

 DIFICULTAD

Media

TIEMPO

2 horas
de trabajo

COSTE

Económico

Sobre el tablero de madera se señala con un lápiz el contorno deseado para el perchero. En la parte central se marcan cuatro puntos equidistantes para los pomos. El dibujo se perfila con una sierra y, con el taladro, se agujerean los puntos señalados.

La plancha de goma espuma debe tener un máximo de 1,5 cm de grosor, dejando a lo largo y ancho unos 4 cm de margen en cada lado, con respecto a la medida del tablero. Para mayor comodidad, se coloca la tabla sobre la plancha ya cortada, y se va doblando y grapando al mismo tiempo.

La tela se coloca extendida sobre el lugar donde estemos trabajando y sobre ella se pone la tabla, por la parte de la goma espuma. Se dejan 5 cm de margen para poder doblar con holgura y se comienza a grapar la tela por la parte inferior siguiendo la línea del dibujo.

Como los orificios se ven por detrás, se perfora la tela con ayuda de los tornillos. Se introducen éstos por la parte posterior y se enroscan los pomos. Si se desea que el perchero quede bien rematado, una vez fijados los colgadores, se puede cubrir la parte trasera con un rectángulo de la misma tela que oculte los bordes.

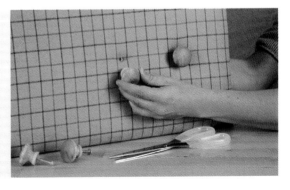

Arcón de cabecero

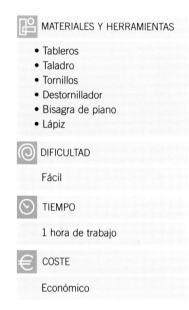
Los objetos se acumulan, de manera especial, en las habitaciones de los más jóvenes de la casa. Con una idea imaginativa y la ayuda del bricolaje resolvemos dos situaciones con un solo elemento. Contando con apenas 26 cm de holgura entre la cama y la pared se podrá construir, de forma sencilla, un práctico arcón.

Como referencia, para este proyecto se ha seleccionado una cama individual de 90 cm para la que serán necesarios dos tableros de 100 cm x 70 cm; dos de 30 cm x 100 cm para la tapa y la base; y dos de 26 cm x 70cm para los laterales.

Los pasos fundamentales para crear este modelo de doble función consistirán en el montaje de los tableros y la unión de la tapa articulada mediante una bisagra larga.

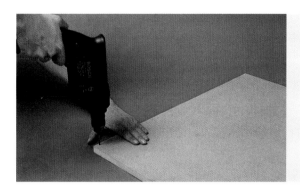

Una vez que tengamos cortados los 6 tableros del conglomerado de densidad media, con las dimensiones adecuadas a la cama, se marca con un lápiz cada uno de los puntos donde se insertarán los clavos. El lugar será en los extremos de todos los tableros. Cuando ya estén marcados se hacen los agujeros con el taladro.

Para hacer el ensamblaje de los distintos elementos se juntan por los cantos en dos fases. En primer lugar, se forma la principal parte de la estructura uniendo el frontal con uno de los laterales, por cuyo canto se atornilla, y después se sigue con el otro tablero lateral.

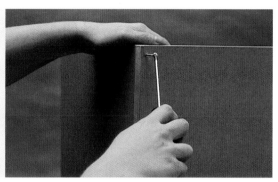

La segunda fase del ensamblaje consiste en unir la parte trasera del cajón con la tabla que hace de base, atornillándola por el canto. Este segundo armazón se une ahora al anterior hecho con los laterales. La unión de ambas estructuras se hace por el tablero inferior o base del cabecero.

Por último, se monta el tablero que servirá de tapa del arcón. Para ello se une una de las tablas de base con el tablero posterior, mediante una bisagra de piano, que cubrirá a lo largo los dos cantos de los tableros.

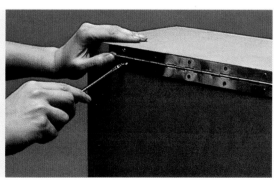

Cajita decorada con *découpage*

MATERIALES Y HERRAMIENTAS

- Caja de madera
- Pintura al agua
- Barniz de poliuretano
- Pincel fino
- Brocha pequeña
- Brocha suave
- Tijeras
- Cuchilla
- Cola blanca

DIFICULTAD

Fácil

TIEMPO

1 hora de trabajo

COSTE

Económico

El *découpage* («recorte» en francés) es una técnica para decorar con figuras de papel sobre un fondo preparado. El tiempo de realización es menor que la pintura o el estarcido y resulta más económico. Se puede hacer *découpage* sobre vidrio, tela o madera, pero su aplicación sufre variaciones en función de la superficie que se va a decorar. Los recortes que se usan tradicionalmente son de un grosor de 0,2 mm, porque con papeles gruesos da un efecto de relieve poco atractivo y en cambio, si es muy fino, resulta difícil pegarlo.

Éste es un proyecto de *découpage* sobre madera, empleado para decorar una cajita con las siluetas de unas casas en diferentes tamaños que no presentan mayores dificultades para cortar. Una vez que se dispone de todos los recortes, se trata de encolarlos y pegarlos y lograr una cenefa de casitas por la base de la caja y pegar una en cada esquina y otra de mayor tamaño en el centro. La parte que mayor tiempo requiere es el secado de las sucesivas manos de barniz con que hay que cubrir los recortes.

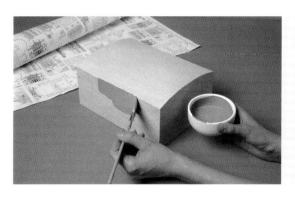

Como la madera de esta caja no está tratada, se prepara extendiendo por la superficie una capa de pintura plástica, utilizando una brocha pequeña. Se deja secar al menos 8 horas antes de comenzar el siguiente paso.

El recortado de los dibujos es muy importante porque de ello depende gran parte del efecto visual. Para ello se utilizan tijeras puntiagudas bien afiladas y una cuchilla para los recovecos. Cuando el recorte presenta dificultades se pone el dibujo sobre un cristal y se continúa con la cuchilla.

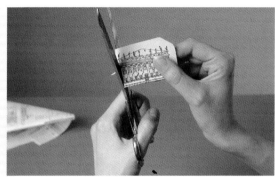

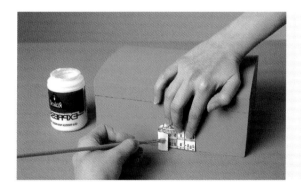

Antes de pegar los recortes se hacen unas marcas de referencia para colocar los dibujos. Para poner la cola, es más cómodo si se ponen del revés sobre un plástico. Después, se van colocando en su lugar, retirando el exceso de pegamento con un paño húmedo. Al terminar de pegar cada recorte, se alisa el dibujo con un paño seco.

Antes de realizar el barnizado, conviene asegurarse de que ningún dibujo presenta arrugas o burbujas. Por último, se aplican 5 capas de barniz de poliuretano incoloro con una brocha suave. Entre capa y capa hay que dejar un tiempo de secado de 8 horas.

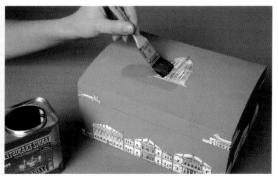

Pantalla entelada

Para que una lámpara armonice con la decoración del dormitorio no es necesario salir a la difícil búsqueda de aquella que combine a la perfección. Basta con forrar la pantalla con el color y el estampado que más nos agrade y esto puede hacerse tanto con tela como con papel pintado o pergamino. Aunque este trabajo es de rápida realización, se puede ahorrar tiempo empleando un tipo de pantalla de las que vienen forradas con papel adhesivo. Al desprender este papel se podrá utilizar como patrón para cortar la tela y no será necesario utilizar el pegamento para pegar ésta, pues queda una capa adherente que servirá para el nuevo forro. De cualquier manera, el patrón de este tipo de lámparas, como se explica en el primer paso, es sencillo.

Siguiendo los tres rápidos y sencillos pasos que se detallan a continuación, se obtendrá una lámpara única y original para su propio espacio. Simplemente hay que recortar el patrón sobre tela, pegarlo y rematar los bordes.

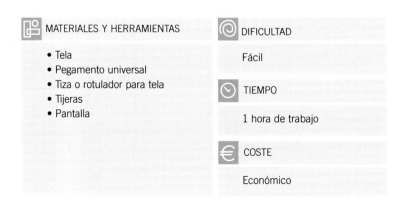

MATERIALES Y HERRAMIENTAS

- Tela
- Pegamento universal
- Tiza o rotulador para tela
- Tijeras
- Pantalla

DIFICULTAD

Fácil

TIEMPO

1 hora de trabajo

COSTE

Económico

El patrón de la pantalla puede hacerse rodeando el armazón con un papel de periódico y sujetándolo por dentro con celo. Después, se recorta por arriba y por abajo, dejando 1 cm si es papel y 2 cm si es tela. El corte longitudinal se hace por donde se encuentran las varillas que unen el aro superior con el inferior, y se deja el mismo margen. Después se coloca sobre la tela al bies y se contornea con una tiza o rotulador para tela (esta tinta se borra en 24 horas).

Al recortar la tela siguiendo las marcas del rotulador se deben dejar 2 cm en todo el perímetro. A continuación, se extiende el pegamento por zonas y se va colocando progresivamente la tela. Esta operación puede presentar alguna dificultad por la forma de la pantalla.

Una vez que esté colocada la tela sobre la pantalla, se mete el dobladillo hacia dentro. Son suficientes unas gotas sobre la tela y un poco en el interior de la pantalla para que se adhiera fácilmente. Si se desea rematar este borde se puede pegar encima cinta o cordón de pasamanería.

Índice alfabético